U0687385

儿童安全教育系列丛书

张咏梅｜著

杨　静｜绘

有危险！中小学生防溺水必备指南

农村读物出版社

中国农业出版社

北京

图书在版编目（CIP）数据

有危险！中小学生防溺水必备指南 / 张咏梅著；杨
静绘. — 北京：农村读物出版社，2022.12（2025.11重印）
（儿童安全教育系列丛书）
ISBN 978-7-5048-5822-1

Ⅰ.①有… Ⅱ.①张… ②杨… Ⅲ.①淹溺－安全教
育－中小学－教学参考资料 Ⅳ.①G634.203

中国版本图书馆CIP数据核字（2022）第028908号

有危险！中小学生防溺水必备指南
YOU WEIXIAN! ZHONG XIAO XUESHENG FANG NISHUI BIBEI ZHINAN

中国农业出版社出版
地址：北京市朝阳区麦子店街18号楼
邮编：100125
策划编辑：王庆宁　　　责任编辑：吕睿
绘图：杨静
版式设计：水长流文化
责任校对：吴丽婷
印刷：北京中科印刷有限公司
版次：2022 年 12 月第 1 版
印次：2025 年 11 月北京第 13 次印刷
发行：新华书店北京发行所
开本：880mm×1230mm　1/32
印张：3.5
字数：200 千字
定价：28.00 元

用知识阻止溺水悲剧

扫码看张咏梅老师的权威指导视频

亲爱的同学：

你知道吗？在全球范围内，溺水是儿童非故意伤害致死的第二大死因。每年有大约17.5万名0～19岁的儿童或青少年死于溺水。而死亡也并非是溺水的唯一结局，每年平均有200万～300万儿童遭遇非致死性溺水，其中不少人因严重的颅脑神经损伤导致终生残疾。在中国，溺水是儿童非故意伤害致死的第一死因。中国疾病预防控制中心2017年公布的数据显示，中国每年约有1.7万名0～17岁儿童死于溺水，占全部溺水死亡人数的1/3，其中1～4岁儿童溺死率最高。溺水是1～14岁儿童的第一死因，是15～19岁青少年的第二死因。死于溺水的男孩是女孩的2.4倍。多可怕！

溺水发生情况有明显的地域和城乡差异。在我国，溺水死亡率最高的地区集中在南方各省份。农村的溺死率则明显高于城镇，致残率也是如此。据国家卫生健康委员会发布的相关数据，农村儿童溺水死亡率占比要高于城市儿童近8倍，近九成的溺水伤害发生在农村。不同年龄段儿童的溺水主要发生地也不同：1～4岁主要发生在脸盆、水缸和浴池中，以家庭环境为主；5～9岁主要发生在水渠、池塘和水库中；10岁以上主要发生在池塘、湖泊和江河中。溺水死亡率最高的场所是农村的自然水体。此外，从发生的时间段来看，虽然溺水一年四季都会发生，但主要出现在4—9月，尤其以6—8月暑期为高峰。

亲爱的同学，当你高高兴兴地开始欢度暑假的时候，你的脑海中是不是已经有了防溺水的意识了呢？

溺水伤害，是致死率最高的意外伤害。这主要源于溺水窒息会让人的大脑在2分钟内失去意识，黄金抢救时间也仅6分钟。也就是说，如果没能在溺水后6分钟内展开抢救，人体内的各个重要器官会因为缺氧遭受不可逆的损伤。亲爱的同学，你是否有把握，在遇到溺水事故时，恰好能在6分钟内得到救援呢？

如此严重的伤害结果，让溺水被视为最需要警惕的意外伤害类型。每年5月，教育部的官方网站都会发出预防溺水的工作预警，要求全国各地的学校做好溺水预防工作。教育部还明确指出：集体溺亡是中国儿童溺水事故的典型特点。以2018年为例，从6月23日—7月2日有关儿童溺水的报道中可以发现，仅仅10天，就有45名儿童溺亡，平均每起事故会有3～4名儿童同时溺水。他们大多是结伴去水库、水渠、池塘、河流等地游玩，有人不小心滑入水中，其他人手拉手地营救，结果纷纷落水溺亡。我见过的人数最多的一次集体溺亡，遇难者达到10人。这是多么惨烈的人间悲剧！

高风险、高频率、高遇难人数，预防溺水非常重要！它重要到学校、老师年年讲、月月说，重要到家庭教育随时随地进行，社会宣传更是无所不在……但，为什么如此高频率的防溺水教育，还是无法减少每年溺亡的数量呢？

如果你也忍不住问"为什么"，那么，亲爱的同学，请先想想你是不是也有这些特点吧：低龄儿童警惕性差、缺少对危险的分辨能力，所以容易因为家庭环境的不合理布置和家长的疏忽而遭遇风险。大一点的同学又怎样呢？步入青春期的"大孩子"好奇心强，容易被冒险心理控制，

再加上重视"义气"等诸多因素，被小伙伴们一"忽悠"，就会做出不理智的高危行为。在亢奋情绪的影响下，他们要么是忽略对水域危险性的检查，要么是玩得兴起什么都不顾，更会在同伴遇到危险时，高估自己的能力，盲目地进行救援。溺水事故的可怕之处，就在于它是"顺应"同学们的心理特点的。

本书将千奇百怪的溺水伤害事故，通过一个个特定场景的形式展现出来，并分为居家环境溺水和公共场所溺水两大类别，也就是我们上文提到的低龄儿童和"大孩子"最容易遭遇的两种溺水类型。针对不同年龄层的同学的特点，给出明确的预防原则和具体方案，正是编写本书的意义。首先要说的是，我们应该始终坚持一个伤害预防理论——知、信、行原则。知，就是获取知识、了解伤害事故的特点；信，就是树立信心、做好预防工作；行，就是在行动上学习避免伤害的技巧。我们要将溺水案例背后的共性找出来，充分剖析，带领同学们顺藤摸瓜，看清事故发生的前因后果，找到问题所在，进而总结出更实用、更有效的预防策略。

这些策略可没有同学们想得那么简单：伤害预防是很复杂的，表面上它只涉及人和环境，但落实到人的因素上时，就需要评估同学们自身的危险预防能力和成年人监管的水平，包括同学们的年龄、发育水平、性别、游泳能力，家长的监管能力、对溺水风险的警惕程度，乃至其他人提供救援的可能性等；落实到环境因素上时，就要考虑自然水域安全情况、家中储水容器的安全程度、附近是否有危险的工程设施等；此外，伤害发生后的紧急救援也十分重要，集体溺亡的发生和这个因素高度相关。只有细分并逐一认清这

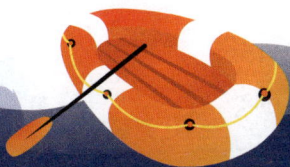

水深危险

些因素，才能有的放矢、找到针对性的预防方法。所以，本书的前几章根据不同情境，给出了不同的预防方案。

而本书最独特也最能帮助同学们解决问题的内容，就是"第八章 改掉致命坏毛病——导致溺水的陋习"这个章节。里面列出的生活习惯，对很多同学来说大概是司空见惯的。但你却未必能意识到，它们是让成千上万儿童死亡的罪魁。知道了这一点，相信你就会不自觉地问一句——这些坏习惯，究竟要怎么改呢？别急，改正的方法书里都有。

最后要说的是，预防溺水伤害离不开尊重儿童身心发展规律。一旦背离了儿童的实际情况，预防就可能会流于形式，成为一句空话。对自然的敬畏、对规则意识的培养，永远是家长、老师需要教给小朋友，以及小朋友需要主动学习的。

国外有一则预防溺水的海报，画面里是一条宠物狗和水碗。宣传语是：即使是一只喂狗的水碗，都可能致您的孩子发生溺水意外……你看，这是在告诉公众，溺水的风险无处不在，而预防溺水是非常重要的能力。它包括发现隐患的能力、了解自己行为特点的能力、改变自己陋习的能力和促进环境改善的能力。亲爱的同学，看到这里，你是不是已经有决心、有信心去掌握这些能力了？快来读这本书吧，愿溺水的风险永远跟你"隔离"！

国内知名儿童安全教育专家
全球儿童安全组织原高级顾问
中国红十字基金会儿童安全力教育专项基金发起人

张咏梅

目录

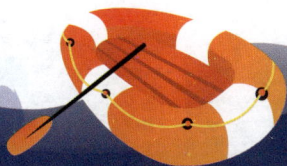

水深危险

关于溺水，不可不知的 8 个关键点

1. 溺水是极为危险的
溺水是中国 1～14 岁儿童的第一死亡原因，是威胁中国儿童生命安全的头号杀手。

2. 溺水是无处不在的
只要是有一定量的积水的地方，儿童就有可能因溺水死亡。

3. 溺水是无声无息的
哪怕是掉进小小的一摊水中，一旦呛水，儿童往往连呼救都做不到，更无法做到让人及时发现并营救。

4. 溺水是快速的
儿童溺水后，2 分钟后就可能因窒息失去意识，6 分钟内是黄金抢救时间，一旦错过，以现在的医疗技术，没法避免儿童留下永久的后遗症。

5. 溺水的发生和水的深浅无关
关键在于儿童是否呛了第一口水，以及是否能正确自救或被他人救起。

6. 懂得游泳技巧不能保证安全，会游泳，也可能发生溺水
事实上，超过一半的溺亡者会游泳。究其原因，多是因为会游泳了，盲目自大，忽略了游泳环境的影响。所以说，仅仅掌握了游泳技巧是远远不够的。

7. 溺水原因要牢记
幼童发生溺水多因无效看护引起，青少年发生溺水多因结伴玩水和别人失足落水后盲目施救所致。

8. 急救常识是必须掌握的
想要预防溺水事故，不仅要学会预防，还一定要重点学习溺水急救常识。

扫码看张咏梅老师的权威指导视频

第一章

溺水风险就在身边
——居家篇

你知道吗？

　　人们常常低估居家环境下的溺水事故发生率，总以为溺水事故不会发生在居家环境下，这个认知是错误的：我国儿童溺水事故发生最频繁、死亡率最高的年龄段为1～4岁，这些孩子多是在家中或家附近的水塘里溺水，事故的肇因几乎都是儿童没有家长看管、家长因事离开或看管不力。举个最典型的例子：妈妈在客厅里边玩手机边陪护小朋友，小朋友趁妈妈不注意，偷偷跑到卫生间没加盖的水桶边玩水，不慎一头栽进水桶，而在客厅里玩手机的妈妈却浑然不知，错失了救援机会。类似事故的频频发生，充分证明了居家溺水的危险性远超大多数人的认知。

　　然而，全球儿童安全网络（中国）曾经做过的一份溺水预防认知调查表明：有近三成的家长没有充分认识到看护不够是儿童溺水的原因。这种认知上的缺乏，增加了居家溺水发生的可能性。

　　所以，在这一章，我们要先了解一下如何预防居家溺水。

低龄儿童杀手——储水容器

　　亲爱的同学，你可能想不到，在居家溺水方面，容器是低龄儿童最容易发生溺水的地方。卫生间里的脸盆、水桶、洗衣机，甚至厨房里煮饭的锅等容器，只要存了水，就可能造成溺水。而在乡村，灶台旁边的水缸、屋里的水桶、院里的水井等，同样是溺水风险的重要来源。因此，讲到预防居家溺水，同学首先就要警惕这些盛水的容器。

🎥 伤害事件回放

　　3岁女孩小丽的爸爸妈妈都在城里打工，她和爷爷奶奶在农村生活。有一天，爷爷吃完早饭到山上的地里干活，留下奶奶和小丽在家。过了一会儿，奶奶到屋后的菜地里收菜，留小丽自己在屋里玩耍。屋门口有一口大水缸，里面存有大半缸水。小丽拿起门口的小板凳来到水缸前，蹬着板凳爬了上去……等到奶奶开始寻找小丽时，小丽已经头朝下跌进水缸、一动不动了。后续报道指出，造成小丽溺亡的水缸，水深仅有40厘米。

! 事故原因点评

事发后，小丽的爷爷试图还原现场，自己蜷身进入缸内，发现40厘米深的水足以在特殊情况下淹没低龄儿童的头部，缸壁光滑则导致儿童无法自救。换句话说，这个水缸对于小丽这样的低龄儿童来说，就是个致命的陷阱。

从心态上看，水对低龄儿童们来说，是很好的玩具。看到容器里有水，低龄儿童们肯定会想去玩，所以会搬来凳子爬到容器上面，会想办法钻进容器和水亲密接触……意外就此发生了。而很多农村家庭都备有水缸，挑来的水会直接倒在水缸里，一旦没有做好防护，就会给小朋友们"可乘之机"。

最后，低龄儿童的头部重量占身体总重量比较大，所以朝水缸里低头时，很容易掉进缸内，甚至头朝下钻进水里，进而溺水。哪怕水缸并不大，或者里面的水并不深，依然会有致命的危险。由此可见，任何没有安全设施的盛水容器，对同学们来说都是极为危险的。

做个安全实验：脸盆闷水换气实验

用一个脸盆接好干净的水。做好准备并确保旁边有家长或老师看护后，一位同学深深地吸一口气，将脸部完全浸入水中，屏气。由大人在旁计时，看看这位同学的屏气时间能有多久。然后再来一次或换别的同学进行尝试。最后，让参加的同学们发表感想（主要是水下屏气的体会）。

原理

溺水，往往是因为呛水造成无法正常呼吸所致。没有体会过呛水滋味的人，很难想象溺水后人为什么无法呼喊、无法自救。这个实验让同学们充分体验在水中屏气、不能呼吸的感觉，从而对水的危险性有充分的了解。

怎样杜绝隐患

本着阻隔危险源的预防思路，预防储水容器溺水，最重要的是确保容器都盖上了坚固的保护盖。同时，家庭成员应养成良好的"倒扣盆"的生活习惯（即盛水的盆等用完后都要将水倒光并倒扣），从源头做好对盛水容器的安全管理。

怎样做才安全

1. 让家长将家里的水缸、水桶都用保护盖盖住，平时用完水后，及时盖好，以防万一。

2. 让家长给院里的水井安装上带锁的井盖，不用时锁好。有水塘的地方，可以让家长在水塘外围设置围栏，增加进入水塘的难度。此外，建议水塘的水深不要超过20厘米，更不要在水塘里拉电线、设置灯池。这些设计对小朋友们来说都是极大的隐患。

3. 养成倒扣盆的安全习惯，尽量不要在水桶和脸盆里存水，如果要储存，就一定要在水桶和脸盆上加好防护盖。同时也要请家长有意识地让儿童远离危险水体。

4. 洗衣机用完后，督促家长放干水、拔下电源，避免意外发生。

5. 用完马桶后，请及时盖好马桶盖，并监督家长也这么做。

6. 帮助家长写一些警示标语，贴在危险处。比如在水井、水缸旁边贴上"用完请盖好盖子"，在洗衣机旁贴上"用完请断电、清空水、盖好盖子"，在卫生间水池旁边贴上"倒扣盆、不存水"等，用来提醒家人注意预防溺水。

　自学应急救援方法，找正规的机构学习心肺复苏急救，以防万一。

场景 2

家门口的危险——门前河道

河道是居家溺水事故的另一个高发地点。这些河道离小朋友的家很近，有的甚至就在门前屋后。在我国南方的很多城市，河道穿过城镇，居民楼或者商铺就依河兴建。这就给同学们遭遇溺水事故埋下了危险的伏笔。来看看下面的例子：

🎥 伤害事件回放

贵州的一个小镇上，一名7岁的男孩骑着小童车在狭窄的步行道上玩耍。由于步行道并不平直，男孩不慎连同小车一起跌入了没有护栏的河道。危急之际，路边酒吧的老板赶紧跑了过来，看了一眼河道里的孩子，抓起身边的一根竹竿递了过去。无奈竹竿太短，男孩根本抓不到。所幸在众人帮助下，孩子终于被救上来。

上海宝山某消防中队接到报警，称一名初中生在水面上漂浮。消防员火速赶到现场，不料竟救起两名15岁左右的男孩。遗憾的是，两人都错过了抢救时间。据目击者介绍，当晚有三名男孩在河道附近打篮球。球掉进河里后，一名男孩去捡球，不慎溺水；另一个去救，也没能再上岸……

!　**事故原因点评**

　　这两起事故很有代表性，它们代表着发生过的成百上千起溺水悲剧。第一起事故代表的"独自玩耍落水"，多发生在学龄前幼童或者小学生中，发生事故时他们都是在独自玩耍。其中，在家附近骑童车，不慎骑进河道的案例非常多。究其原因，除了家长看护不力，还有环境问题——很多穿行城中的河道，某一段或某一处没有护栏。尤其一些新开发的古镇，甚至故意敞开了河道，给住在附近的小朋友带来安全隐患。第二起事故代表的"救人反身亡"，多发生在青少年中间：有青少年溺水，他的朋友情急之下跳下水救人，结果自己也不幸遇难。这种集体溺亡的根源不是"讲义气"，而是没有掌握正确的应急救援方法。

做个安全实验：发现家附近的溺水隐患

　　知行合一是学习知识最高效的方法，而我们学习预防溺水的知识，目的就是在实际生活中规避溺水事故。亲爱的同学你的家周围有没有溺水隐患呢？在爸爸妈妈的带领下，走出家门去看一看、找一找吧，最好能在发现隐患后，想出警示和防护的具体方法。

　　回到家后，请拿起笔来，画一幅溺水隐患预警图。先画出周围的环境，比如家门口的环境、社区（村）环境、广场环境，注意标出这些地方哪里有水体（池子、喷泉、水沟……），是否有河道和池塘等。然后，再标出防护备注，比如河道边有没有栏杆，喷泉的水有多深，水沟旁是否有醒目的警示牌等。

原理

　　学习的目的是使用。通过对自家附近环境的排查和整理，同学们不仅能了解自己身边的溺水隐患，在规避风险的同时，也能从实际使用的层面上掌握安全知识。

怎样杜绝隐患

　　一方面要让家长加强对同学们的有效看护，同学自己也要注意不能在有开放河道的环境中玩耍；另一方面要掌握正确的应急救援方法，避免因盲目救助溺水者而造成更大的伤亡。

怎样做才安全

　　1. 自觉远离没栏杆或没其他遮挡物封闭的河道，尤其不要到河道边上去玩。

2. 不要在河道边骑童车，也不要玩球类运动，避免滑入河道遭遇意外。

3. 有条件的话，建议大人在家旁边的水体周围设置围栏并加锁，设置警示牌，隔离危险区域。如果房屋距离河道等自然水体25米内，要建议大人在大门处安装栅栏，避免儿童私自外出。

4. 学会溺水应急救援方法。遇到溺水事故时不要盲目施救，应该立刻呼叫大人，或使用工具救人。

第二章

没有理所当然的安全
——游泳池篇

你知道吗?

同学们能接触到的泳池可以分为室内泳池和室外泳池两种，室内泳池又包括亲子戏水馆、景观泳池和标准泳池等。这些泳池的差别在于功能不同。比如亲子戏水馆，主要是供刚出生的婴儿戏水、游玩用的，年纪大一点的同学很难接触到。景观泳池多有假山、回廊等装饰，深水区和浅水区区分不明显，给安全巡视工作带来了很大困难，对同学们也较为危险。相比之下，标准泳池对于同学们来说相对安全。

室外泳池的安全隐患要比室内泳池更多。一方面，源于室外泳池的设备维护较难，水下危险重重；另一方面，室外泳池的管理也往往不到位。近些年来，为了避免儿童到开放的水域游泳，很多农村都自发集资修建室外泳池。但由于管理不专业、经营不善、盲目开放等，这些泳池安全问题频发，对同学们来说也十分危险。下面我们就来了解一下室内泳池和室外泳池各自的风险是什么。

看护必须到位——室内泳池

伤害事件回放

　　福建一名9岁的男童在邮电学校泳池学游泳时，不幸溺亡。据说，男童因溺水而挣扎时，场内的两名救生员居然都没发现。接受采访时，男童家长愤怒地说：办游泳卡时还说有安全保障，家长不用担心没法看护，结果才学了4次，儿子就遭遇了不幸。

　　南京也有一名8岁女童在游泳馆内不慎溺水身亡。当时，女童是跟着外婆外公来到游泳池的。在更衣室换过泳衣后，她一个人先跑进了泳池。外公外婆没带游泳衣，便下楼去买，结果就在这短短5分钟里，女童不幸溺亡。

⚠ 事故原因点评

这两起事故都非常有代表性。第一起事故的根本原因，是泳池救生员的疏忽。每年暑期，都会有家长送自己的孩子到游泳班学游泳。但这样的游泳班，一般不允许家长进入看护。这样一来，同学们安全与否就完全由泳池管理者、教练员、救生员的责任心和看护的有效性等因素来决定了。如果家长不能有效辨别管理方是否真的可靠，那么任何一个环节的差池都可能会让同学们遭遇溺水。

第二起事件属于典型的无效看护。家长带着自己的孩子到公共泳池玩时，要时刻保持一臂以内的安全距离，也就是说，一旦有同学发生意外，比如滑倒、跌入水中等，家长应该能迅速把同学拉起来，帮他脱离险境。而家长最不该做的，就是放任同学离开自己的视野在泳池内玩耍，自己去做自己的事情。有数据表明，在泳池溺水的同学，有90%家长就在附近甚至身边，但这些家长都没能实现有效看护。因此，提高看护的有效性非常重要。

🔬 做个安全实验：溺水者的反应是什么样的？

亲爱的同学，你想过"溺水的人会是什么样的"这个问题吗？别小看这个问题，它不仅决定了你或你的家人能否及时发现其他同学遭遇溺水，还决定了你能否在溺水时"正确"地让其他人注意到你。下面这些小图里有10个是真实的溺水者的反应，你能找出它们来吗？

1. 头离水面很近，嘴巴就在水面上，人发呆静止。

2. 蛙泳低头时的泳姿，脸埋在水里。

3. 头向后仰，嘴巴张着。

4. 四肢不动，身体垂直在水面。

5. 眼睛大睁，呼吸急促，或者喘气。

6. 在原地蹬水。

7. 眼睛无神，无法聚焦。

8. 紧闭双眼。

9. 头发盖住了额头和眼睛，也不弄一下。

10. 试图游向一个方向，但却不能前进。

11. 总想翻转身体，却做不到。

12. 做出攀爬梯子的动作。

13. 用手拉住岸边。　　**14.** 面朝上浮水。

15. 蝶泳姿势。

正确答案：1、3、4、5、7、8、9、10、11、12，这些行为是溺水的表现。亲爱的同学，你的判断正确吗？

不论你选的正确与否，都要把这些表现牢牢记住，这样才能及时发现溺水者，以及在自己遭遇溺水时及时将自己正处于危险之中表现出来。

怎样杜绝隐患

学会辨别正规泳池的技巧和排查泳池隐患的方法，但最重要的是确保自己时刻处于有效看护之中。

怎样做才安全

1. 告诉自己的爸爸妈妈：不会游泳的孩子，永远需要成人亲力亲为的守护；不要相信其他人的承诺。

2. 报游泳班时要去正规的标准泳池，找有资质的教练学习游泳。标准泳池的安全员（有急救认证）人数一般为4人。教练员也应有相应的资质。此外，泳池的消毒管理、安全警示是否到位，深水、浅水区是否有明显的界线和警告标志，场馆内是否有急救设备等，都需要同学和家长事先确认。不保险的游泳班坚决不能去。

3. 多和教练员沟通，获得对方的信任。下水前和救生员打招呼，并要了解救生员所在的位置。要及时向家长汇报自己学游泳的进度，尽量找机会观察教练员的责任心强弱并告知家长。

4. 尽量选择家长可以观看训练的场馆和游泳班。

5. 学会急救和溺水常识，比如溺水者的表情动作，急救时的正确动作等。

6. 只要是去游泳池，下水前先观察游泳池的安全员是否尽职，是否用心排查池中每个人的游泳状况。

7. 阅读并理解游泳池的安全警示，不要在水里嬉戏打闹，也不能在场馆内追逐玩耍。这不仅会影响自己，还可能给他人造成困扰。

8. 不要由未成年人看护，如果家长边看护自己边玩手机，一定要阻止他。要嘱咐家长应该有专人看护孩童，并做到有效看护。

9. 在水中时，始终和家长保持一臂内的安全距离。

10. 尽量不要前往景观泳池游泳，因为景观泳池内障碍物多，存在很多巡视盲区。

11. 下水前最好先热身，活动筋骨，同时感受一下水温。避免因抽筋造成溺水。

12. 游泳前要注意：不能空腹或者吃得过饱，更不能在剧烈运动后下水，也不能在水里吃东西。

亲人守护

泳池已消毒

深水区

教练 急救员 泳池正规

醒醒！

急救

注意管理人员

这样做才安全

学习常识

注意热身

场景 2

水底藏着危险——室外泳池

🎥 伤害事件回放

　　湖南桂阳县一名初二的少年和同学在水上乐园游泳时，被池底的排水管吸住了臀部。当时他的同学和其他游泳者都过来拉他，但无奈吸力太大，怎么也拉不动。等工作人员关掉排水管时，少年已因溺水多时身亡。

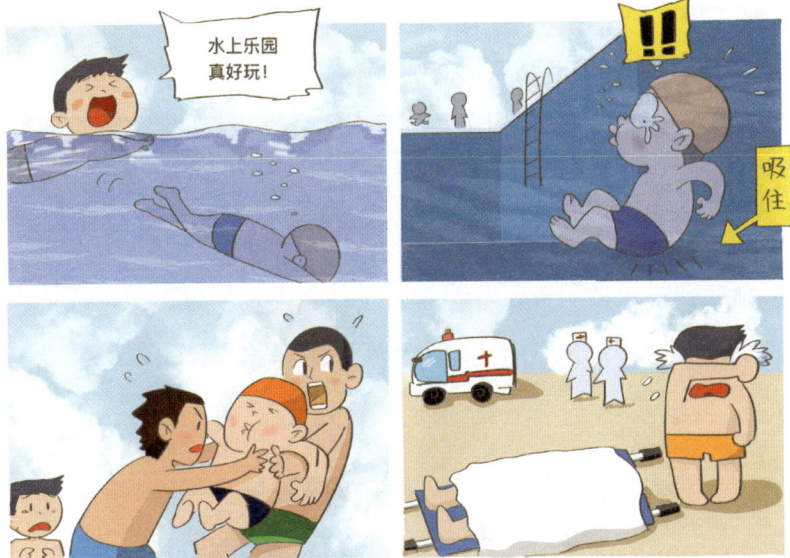

❗ 事故原因点评

　　这个事件十分令人揪心：一个好端端的男孩，被卡在排水口无法动弹，更无法获救，最终溺亡。这类事故还发生过很多起，而排水口也的确是户外泳池溺水事故高发的危险地带。相关建设规范规定，泳池内的排水口顶面应设格栅盖板，盖板应采用耐腐蚀和不会变形的材料制造。但一些室外泳池，因为夏季客人多和管理不到位，做不到仔细检查隐患，格栅盖板日久失修，很可能出现破损。而同学们又特别爱去排水口附近玩，甚至伸手试探汹涌的水流，一旦被吸入排水口，就会遭到致命的伤害。类似的情况，还会发生在游乐园和水世界里那些有排水口的设备上。

做个安全实验：排水口有多危险

对于排水口的吸力到底有多大，同学们可能很难有直观的认识。这个实验会让同学们切身体会排水口的吸力。

家长在浴缸或洗手池里储好水。同学做好准备后，家长打开浴缸或洗手池的排水口，当水位开始下降时，同学试着把手挪动到排水口附近，看看会发生什么事情。过程中，家长应该全程看护，尤其不能让同学用手堵死排水口。

原理

　　排水口的水压是非常惊人的，但同学们很难单凭眼看就明白这一点。这个实验有助于小朋友通过亲身体验，明白排水口到底有多可怕。

怎样杜绝隐患

　　在泳池游泳时，一定要远离排水口。同时要选择正规的、有资质的泳池游泳。

怎样做才安全

　　1. 远离任何泳池的排水口，尤其是对室外泳池更要警惕。

　　2. 选择有资质的、正规的室外泳池，并且要留心观察泳池平时的安全维护情况。一旦发现管理有疏漏，应该向有关部门反映情况，至少也要远离该场馆。同时也不要和同学结伴去不熟悉的场馆游泳。

　　3. 游泳前要做好热身运动，尤其要佩戴好护目镜、泳帽等防护设备。

　　4. 不会游泳的同学请戴好防护设备，包括救生圈、防护衣等。

　　5. 应明确一个概念：花花绿绿的游泳圈不是救生圈，不要混为一谈。到危险的水域游泳，应使用具有超强浮力的救生圈。

这样做才安全

每日安全检查

游泳圈

救生圈

第三章

熟悉不意味着没风险
——社区与景观篇

近些年，城镇社区越建越多，配套的服务设施越来越全，环境建设也越做越好，小区池塘、喷泉、健身设备和儿童游乐园都多了起来。可是，亲爱的同学们，这些区域除了儿童游乐园外，其他的都不适合你玩耍，甚至对你来说很危险。如果没有这个安全意识，盲目地在健身设备旁边玩耍或跑到喷泉里玩，就会遭遇极大的安全风险。在这一章，我们就来看看社区景观中隐藏着哪些溺水的风险。

场景 1

意料之外的危险区——
社区中的水池、水井

🎥 伤害事件回放

在北京的某个小区里，一名7岁男孩在玩滑板车。当他踩着滑板车穿过池塘上的小桥时，滑板车一下子落入了水池。情急之下，男孩站到池塘边，伸着手去捞滑板车，但水很浑浊，他看不清滑板车的位置。他只顾着盯着水面，一点点弯下腰，不料重心失衡，头朝下掉进水里……所幸路人及时发现险情，男孩才被救了上来。

而在安徽，另一起类似事件中的孩子就没那么幸运了。一名11岁的男孩独自在小区内玩滑板车，几个小时都还没回家，他的父母急忙开始寻找他。后来有邻居在墙根处找到一个开着盖的化粪池并发现了男孩，原来男孩玩滑板车时不慎跌入化粪池，已经溺亡。

事故原因点评

　　一个是景观水池溺水，一个是未盖盖子的化粪池溺亡，这两起事故是社区环境下溺水的典型案例。同学们长到一定年纪后，有些运动就要走出家门到小区里进行了，而流行的滑板车、平衡车、自行车等，也会成为小朋友健身、玩耍的首选。但如果小区里有池塘等景观或是水井等设施存在，就要特别注意安全了。一方面，同学们应该远离一切水域，包括水池、水池上的小桥和类似的地方，如果有东西掉到水里了，不要靠近水域，更不要自己去捡；另一方面，对于水井等设施也要尽量远离，因为相关负责人员对这些设施的管理并不一定就是绝对到位的，而没有盖好盖子的水井，就像能吞噬同学们的"大嘴"，随时都在等待不幸的"猎物"，同学们可千万不要成了它的"狩猎"对象哦。

做个安全实验：保持平衡有多难

　　家长在地上画一条线或以别的方法标出一条线，将一个玩具放在线后一定距离的地方，要求是比同学的手臂稍微远一点处。让同学试着去拿这个玩具，站着拿、跪着拿都行，唯一的规则是身体与地面接触的地方不能越线。这个实验会让同学明白在不越线的情况下保持平衡并拿到东西有多困难，而在试着拿东西时，又有多容易失去平衡并摔倒（落水）。

原理

　　让同学们理解"重心"的概念是稍微有点困难的，但经过亲身试验，同学们会意识到自己的重心绝没有想象中那么稳定，失足落水的可能性远比想象中要大。

怎样杜绝隐患

　　远离小区内的一切水体，包括水池、窨井等设施。运动时尽量选择能一眼看清的水泥地或类似的地面，不要到难以看清表面的草坪上玩耍。

怎样做才安全

1. 运动时，远离小区内的一切水体，包括水池、窨井等。如果有东西掉到了水里，不要自己去捡或和小伙伴一起去捡，请大人来处理。

2. 学会识别警示标志，并且了解水池边的围栏、草坪、铁锁链和警示标牌，都是在向小朋友发出"此处危险，请远离水体"的警告。

3. 远离那些看不清表面状况的区域，比如缺乏管理的草地等，尤其要远离可能有水井或类似设施的区域。

4. 让大人监督居住地的物业人员做好安全管理，定期主动排查隐患。自己也要注意：水域边的护栏间隙是否太大；水池是否过于靠近人行道；水域周围是否有围栏防护；警示标牌是否够明显；所有的窨井和化粪池是否有盖密封……今天安全的环境明天不一定还安全，所以应加强安全巡视。

5. 学习心肺复苏急救，这个技能必要时用得上。

场景2

水压冲击很可怕——喷泉

🎥 伤害事件回放

郑州一名8岁的男孩在小区景观喷泉旁玩耍，不慎滑入池中。因无人及时发现，孩子最终溺水身亡，然而该喷泉水深仅20厘米。

江西九江有一名6岁女童被喷泉冲起几米高并摔落，受了重伤。据孩子的母亲说，当晚她带着女儿在广场玩，看音乐喷泉在喷水，就让女儿过去玩了。"我家女儿不小心碰到那个较大的喷泉，一下子把她冲起几米高，然后瞬间就掉到地上去了。"据悉，这个音乐喷泉喷水时，水柱高度能达到数米。相关的工作人员表示，他们在喷泉附近放置了安全提示牌。

而在郑州某小区，一名10岁的男孩在小区西门喷泉池边玩耍时突遭电击，孩子的父母去拉，也纷纷被电倒。最终，一家三口都没能救回来。

⚠ 事故原因点评

喷泉有可能造成的伤害不仅仅是溺水，还有水流冲击和漏电等。这三起事故，代表了喷泉造成意外伤害的三大类型。同学们千万不要小看喷泉，因为仅仅是20厘米深的水，就能让一位已经8岁的同学付出生命的代价。试想，如果当时他的身边有同伴、有家人，或者至少有一个能提供帮助的人，那么意外就不会发生了。

而在九江发生的喷泉冲击伤人事件，其根源是家长对喷泉的危险性认识不足。喷泉分为低压和高压两种。低压喷泉水压在2公斤以内，水柱高度能达到4米左右；而高压喷泉的水压能达到15公斤，15公斤的水压是什么概念呢？5岁左右的儿童，会直接被这个水柱冲到天上去，太可怕了！

最后，喷泉漏电多因管理问题所致，且这些年随着喷泉越来越多、用电量越来越大、监管和检修越来越难，漏电事故也发生得越来越多，同学们可千万要保持警惕啊。

做个安全实验：水压有多可怕

这个实验可以由爸爸妈妈来做，年龄较小的同学在一旁好好观察即可。找一根较粗的水管，一头接在水龙头上，一头用铁丝捆好。将一个3公斤左右的小西瓜放在被捆好的水管上面或旁边，固定好位置。打开水龙头，等水管灌满水、压力足够大后，解开铁丝……同学们会发现，西瓜要么是飞了出去，要么直接被打成了几块儿。

原理

　　水压的力量，其实跟等重的物体是一样的。被15公斤的水压冲击，就意味着被一块差不多15公斤重的石头直接击中。这个实验能让同学们直观地意识到，水的力量远比自己想象中要强。

怎样杜绝隐患

　　了解喷泉伤人的原理，保持和喷泉足够远的欣赏距离。

怎样做才安全

　　1. 喷泉只可远观，千万不可到泉眼上嬉戏玩闹。

　　2. 凡是有水池和灯光的景观场所，要警惕漏电风险，所以也要保持一定的安全距离。

　　3. 有些喷泉的泉眼在水池中，要注意预防过于靠近时跌入水池的风险。

学习触电的急救常识，对触电者不能盲目下手施救，而是要先切断电源，再进行心肺复苏急救。

安全距离

① 切断电源

② 心肺复苏

1.2 1.2 1.2

这样做才安全

第四章

不要救人害自己
——公园篇

场景

救人也要讲方法——公园湖泊

🎥 伤害事件回放

在河南许昌，有3名男孩在公园游玩时不慎溺水身亡。目击者称，当时共有4名男孩一起游玩，一名男孩落水后，另一名男孩上前救助，结果被溺水的男孩死死拽住，反而被拉进水中；紧接着第三、第四名男孩先后下水救助，也被拽住……所幸最后下水的这名男孩被他的同伴松开了，才被人救起。

⚠ 事故原因点评

　　这是一起典型的集体溺亡。溺水是每年暑期高发的意外事故，而几乎一半以上的溺亡都是集体性的，并且都是盲目施救造成了更多的死伤。试想，和同伴结伴出来游泳，而且是到成人三令五申禁止去的野湖一类的地方玩耍，这种游玩不就是冒险吗？这时候最重要的，就是"哥们义气"了。一旦有哪个同学失足掉入水里，其他同学要么出于仗义，要么出于对后果的惧怕，就会不顾一切地跳到水中去拉人。而溺水的同学往往不知道怎么自救，只会凭着本能拽住赶来救援的人，结果把他拉得沉了下去……明白了吧，掌握溺水救人和自救的技巧、能力，是多么重要的事情！当然，更关键的，还是不要盲目地跟着朋友们去"冒险"。

做个安全实验：救人到底难不难？

小伙伴落水了，想把他拉上来，到底是不是一件很困难的事情呢？这个实验的结果也许会大出同学们的意料。找一名体重、年龄跟自己差不多的朋友，请他躺在地上，挥舞四肢做挣扎状，而同学要做的就是把他拉起来。同样，小伙伴要努力把同学也拉躺下。拉人的同学会惊讶地发现，试图拉起一个不停运动、重心下沉的人，要远远比自己想象中更困难，甚至自己倒下的可能性要比"救人"成功大得多。

原理

拉起一个跟自己体重差不多的人或东西绝非容易的事情，更别提这个人还在拼命挣扎，而且会下意识地把摸到的任何一个东西往下拽了。经过这个实验，同学们会意识到"自行救人"的想法有多天真和多危险。

怎样杜绝隐患

远离公园里的野湖、河道和其他水域，绝不能在没有大人监护的情况下擅自下水。学会正确救助溺水者的技巧。

怎样做才安全

1. 公园是供市民游玩休闲的公共场所，里面的自然水域也大多得到人工管理，即便如此，也不能擅自下水游泳。遵守公园的安全规则至关重要。

2. 为了避免不慎滑入水中，和朋友们一起出门玩时，应远离水域玩耍和步行，骑车时更要远离水域。

3. 一旦有同伴落水，应第一时间求助身边的成年人，和成年人一起找到工具救人。绝不能手拉手下水，把自己当成工具去救人。

4. 警惕公园里的景观水池，虽然这些水池的水不深，但有假山等装饰物掩盖，不容易及时发现问题。

扫码看张咏梅老师的权威指导视频

第五章

大自然非常危险
——开放性水域篇

　　我们常说的开放性水域，指的是河流、滩坝、湖泊和海洋这样广阔又复杂的水域，它们对于同学们来说是比游泳池那样相对封闭的水域更为危险的。事实上，开放性水域是青少年遭遇溺水事故最多的场所。尤其是在农村地区，池塘、河流、湖泊、水库等五花八门的水域广泛存在，且很少有围栏防护或设有警告标志。而这些水域又距离村庄、学校比较近，成为当地儿童的"游乐场"，可这些游乐场却是每年吞噬成千上万名儿童的陷阱。来自全国疾病监测系统的死因监测数据显示：我国儿童溺水死亡率存在明显的地域和城乡差别，高儿童溺水死亡率地区主要集中在南方各地，例如四川、重庆、贵州、广西和江西等地的农村地区。5~9岁农村儿童溺水事故多发生在水渠、池塘和水库中，10岁以上青少年溺水事故则主要发生在河流、湖泊和池塘里。也许同学会觉得，身边的那些湖泊、河流，自己已经很熟悉了，没什么可怕的。但这种认知上的错误，正是许多悲剧的根本肇因。比如说，下面这些知识点，你都知道吗？

※江河湖海表面上很平静，但水下藏着汹涌的暗流，随时可能把入水的同学拉走。因为只要水下有大小不一的岩石，就可能会有暗流出现。

暗流

※许多湖泊表面清澈透底，看上去很浅。实际上水的清澈会带来错觉，水下可能有深坑，也可能有隐藏的危险。

深坑

※从水面上看下去，水底的坡度都很缓，可以行走。实际上水底布满了苔藓和水草，人一旦踩上去，不仅有可能滑倒，还会被水草缠住双脚，无法挣脱。

水草

※水温比同学们想象中的要低得多，人一旦突然入水，冷水很可能导致四肢抽筋，从而引发溺水。

痉挛

※在水里游泳时，同学们离岸边的距离其实比目测的要远很多，这是因为光线被水折射后，会让同学们产生视觉误差。

距离错觉

※在开放性水域发生的溺亡事故，几乎都是集体溺亡，且每次平均溺亡3～4个人。

可怕不可怕？让我们来看看这些"天然游乐场"里到底藏着什么危险吧！

场景 1

一时贪玩风险大——河流（沟渠）

🎥 伤害事件回放

陕西的3名学生在渭河河道游泳时因溺水而失踪，后来，救援人员仅找到2具孩子的遗体。孩子们都在13岁左右，住在附近的村里，刚参加完小学毕业考试。参与搜救的志愿者说，搜救的难点在于渭河不仅是流动水域，而且河底有很多隐形沙坑。

在另一起溺水意外中，2名15岁的初中生相约到河道游玩，结果其中一人溺水身亡。河道旁开小卖部的女子表示：不少儿童和青少年会先到小卖部买东西，然后结伴去河里游泳。这些年来小卖部旁边的宣传喇叭反复广播严禁下水，可孩子们就是不听。据报道，事故发生那年，从4月20日到4月30日，仅10天就有7名学生在该河道溺亡。

❗ 事故原因点评

上面两起典型事故，代表了假期或周末常发生的学生溺亡意外。有调查表明，中小学男生的溺水高危行为，主要表现为在无成人陪伴时到非安全区域游泳，结伴到野外开放性水域捞鱼，和同伴在河边玩耍打闹等。在溺水意外方面，河流的独特之处在于哪怕不下水，仅在水边玩耍也有造成集体溺亡的风险：几个小伙伴凑到一起，在河边追跑、捡石子、捞鱼……结果其中一人不慎落水，周围找不到大人，同来的伙伴们赶忙下水去救，但对河流的认识有误，又没有掌握正确的救人方法，酿成集体溺亡的惨剧。所以，河流的危险性，可是比看起来要大得多的。

做个安全实验：河水和泳池一样吗？

在游泳池里待惯了的同学，可能会觉得河水没什么可怕的，看起来都差不多嘛。可是，游泳池里大多是静水，即使是循环过滤水，流速也是平缓而均匀的；野外的河流可就不是这个样子了。下面这个实验能让同学们有所领悟。

准备两个一模一样的矿泉水空瓶，都用水装满。先将一个瓶子倒过来，让水自然流出，计算水流光所需的时间。再将另一个瓶子倒过来，同时用力捏住瓶身，计算时间，看看结果会如何。

结论：在瓶身受到压力变形后，水流速度会显著加快。

原理

河流中的石头、斜坡、狭窄处等，就好像因为受压而变形的瓶子，会让附近的河水流速明显变快，同学们在这些地方很容易被急流带走或因为猝不及防而溺水。所以，河水的危险性，是远大于静水和人工的流动水的。

原理

怎样杜绝隐患

一方面，要杜绝私自下河一类的行为；另一方面，对于身边的河流要有充分的了解，才能防患于未然。

怎样做才安全

1. 了解家附近的河流的水情，包括河道深浅、流速快慢、不同季节和不同时段流速会不会有变化等，以及哪些地段的河岸不安全、容易失足落水，哪些地段经常发生意外等。

2. 在河流情况相对稳定时，在有大人陪伴的情况下，才能到河边玩耍。

3. 下河游泳的前提是：位于允许游泳的安全水域且有大人陪伴；自己的水性非常好，并且对打算游泳的河流有非常充分的认识；佩戴好标准的救生圈或穿戴好救生衣；身体状况良好，且一定要限制游泳的时间，防止过度疲劳。

4. 任何情况下都不要下河摸鱼或者踩水，即使是有成年人跟着也不行。

5. 看到有其他同学在河边玩耍，要大声叫他们回来。如果每个同学都能这样"多管闲事"，溺水死亡的孩子会少很多。

6. 遵守公共场所的警示提醒要求，对于禁止游泳的水域，绝不能冒险下水。

7. 一定要学会对溺水者的正确救援方法：呼叫大人来救助和与大人一起用工具救人。任何情况下，都绝对不能手拉手下水救人。

了解水情　大人陪伴　装备齐全　遵守警示　严禁游泳　正确施救　提醒别人　严禁下水

这样做才安全

场景2

静水下面是陷阱——
水库、滩坝和采砂坑

🎥 伤害事件回放

　　河南某县的水库里发生了一起悲剧。一名10岁左右的女孩在水库边玩耍时，不小心滑进水里，不会游泳的父亲和哥哥马上跳入水中施救。父子俩用尽全身气力才将女孩托出水面，女孩获救了，两人却因体力不支溺亡。

　　在山西，有两名7岁的小学生在上学路上不幸跌入滩坝，等家长发现时，他们已经溺水身亡。村民说，滩坝是上游排水形成的，已经有好几年没人监管了。虽然旁边立了几块警示牌，但没有安装护栏。可怕的是，滩坝旁边就是孩子们上学的必经之路……

❗ 事故原因点评

　　水库也是溺水事故的高发点。很多大人明知违规，仍带着孩子到水库边玩耍、钓鱼，且没有及时对孩子进行防溺水安全教育。等这些孩子长大了，就会学着家长的样子，带着朋友、同学一起来水库边摸鱼、玩耍，这就为溺水埋下了隐患。类似第一起事故的悲剧几乎年年发生，有时一家人为了救人纷纷入水，结果全部溺亡，令人唏嘘不已。

　　滩坝和采砂坑是另一种危险的静水。滩坝多由自然水系冲击形成，下面都是滩砂和坝砂；采砂坑则是人们取土、采砂后留下的深坑，储积雨水形成水塘。一到夏天，有的同学就会忍不住跳进这些水坑玩水。可同学们未必知道，这些水坑其实十分危险，水底都是砂砾，人一旦踩到就会陷入流沙，想施救都非常困难。每年我国发生在滩坝和采砂坑的溺水事故，多达百余起。

🧪 做个安全实验：流沙实验

　　流沙到底有多危险呢？请小朋友用实验来认识一下吧！准备一个水盆，较多的沙子，一辆玩具小汽车，两根软管。将两根软管分别连接到盆底，一个连好水龙头作为进水管，一个插在沙子中作为出水管。在水盆底部倒入一定厚度的细沙，将玩具小汽车放在细沙上面。此时，小汽车是不会陷入沙子的。打开水龙头，让水流进入盆底。随着水越来越多，沙子会开始发生变化……

原理

当沙子中有了足够多的水时，它的体积反而会变小，并且会把本来放在上面的小汽车"吞"下去。所以我们说水底的流沙可以"吃人"，并不是在危言耸听。

原理

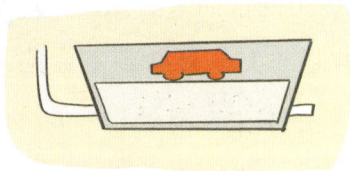

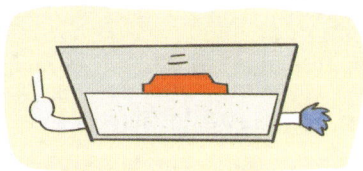

怎样杜绝隐患

一方面要了解水库、滩坝、采砂坑等的特点，另一方面要远离水库、滩坝、采砂坑等禁止游泳的地方。

怎样做才安全

1. 任何时候牢记：水库禁止游泳，更不能钓鱼。

2. 我们的很多饮用水就来自于水库，所以不要弄脏水库这一水源。

3. 水库和水坑看起来都是净水，但是水面下有暗流、石头、杂草、流沙等，对不熟悉水情的人极为危险。

4. 水库的水温很低。有的水库水深达几十米，容易形成"冷水坑"，贸然下水会抽筋。

5. 认清采砂坑和滩坝的"陷阱"本质，千万不要进入这些"吃人"的水坑。一旦被同学邀请去这些地方玩耍，要及时阻止。不要用生命去换一时的"好玩"。

场景 3

"好面子"害死人——湖泊

🎥 **伤害事件回放**

在辽宁，有6名学生同时溺水身亡，其中有一对双胞胎兄弟。据报道，6名学生皆就读于当地小学，刚参加完期末考试，想一起结伴游野泳……

在湖北，7名学生结伴到河边玩耍，其中5人下水，结果全部溺水。

小长假期间，家住湖南长沙的一名15岁男孩到同学老家去玩。同学家门口有个月牙湖，几个人一起下水游泳。不料其中1人溺水，而长期住在水边的两名同学都急忙爬上了岸找人施救。结果，溺水者还是不幸身亡了。

🛈 事故原因点评

溺亡6人、溺亡5人……这样的数字背后，是大量家庭、成人的痛苦。这种集体溺亡意外多发生在小学高年级和初中阶段（10～15岁）。处于这个年龄段的同学特别喜欢因为一时的冲动而去冒险，而最典型的冒险行为之一正是"游野泳"。如果目标是相对熟悉的湖泊，身边又有同学怂恿，涉及"要面子"，就更难以自制了。此外，不会游泳或者没有经历过正规游泳训练的同学，如果到了有水域的地方玩，哪怕这个水域相对安全，也决不能为了"面子"而随意下水。请记住，因为一时糊涂而丢掉性命，是最没"面子"的事情了。

🧪 做个安全实验：独自游泳的前提

亲爱的同学，你可能觉得自己已经有不错的水性了。但真的如此吗？不要说危险的野外水域，就是相对安全一点的游泳池，也需要你掌握足够娴熟的游泳技巧才能放心使用。那么，你具备下面这5项水上生存技能吗？

①跳入水深超过身高的池子后，能很快将头伸出水面，并自由换气。

② 能翻过身来仰面浮在水面上，或者持续踩水1分钟以上。

③ 能在游泳池中完整地游一圈后，迅速找到出口。

④ 能在标准泳池中轻松地游一个来回（100米）。

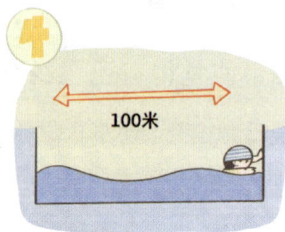

⑤ 不需要用扶梯，能用手撑住池边上岸。

结论：结果如何呢？具备了这5项技能，同学就基本可以

在泳池独自游泳了，但距离到江河湖海中游泳还差得远。怎么样，你是不是突然发现，自己的游泳水平其实没那么高了呢？

怎样杜绝隐患

到有安全保障的、允许游泳的开放水域游泳，凡是有禁止标志的水域，都应远离。要到正规泳池系统地学习游泳技能，提高自己的抗溺水能力。

怎样做才安全

1. 一定要从心里认清泳池和"野水"的差别，树立对自然水体的敬畏心。不要轻易去挑战不熟悉的江河湖海。

2. 认真学习游泳技能，提高自己预防风险的能力。同时也必须学会溺水自救和救人的正确方法，明确救人先救己的第一原则。

3. 不要那么顾忌"面子"。跟朋友打好关系固然重要，但为此付出生命的代价，那就是绝对不值得的了。与其在朋友溺水时跟他"共患难"，不如在他下水前就把他拉住，不是吗？

4. 热爱生活、热爱运动乃至"好面子"都没有错，但必须遵守的前提是：要敬畏法律、敬畏规则。世界上没有绝对的安全，但掌握了正确的思路和态度，许多意外是可以避免的。要多了解、多学习，知行合一，才能找到适合自己的预防事故的方法。

场景4

海洋绝对不好懂——大海

🎥 伤害事件回放

国庆期间，福建一家10口人到七星海沙滩乘坐快艇出海，出海后不到2分钟，风浪变大造成船侧翻，8人落水，其中1人溺水身亡。遇难者家属称：快艇没有营业执照，船长也没有驾驶许可证。

福建海边的一个村子，4名来自贵州的少年到海边抓螃蟹，没想到遇到涨潮，2人落水被淹没。20小时的搜寻后，等待大家的是他们的遗体。

一对来自北京的双胞胎女孩和母亲到青岛游玩，没想到在海边双双溺亡。据了解，事发时妈妈在看手机，没有关注双胞胎的动向；海滩并不是正规海水浴场，虽有禁止下海游泳的标志，但仍有大量游客在此戏水、游玩。

湖南的一家人去广东南澳旅游，没想到15岁的女儿坐在一块平坦的岩石上看海的时候，一个大浪打过来，她被卷进水里。眼看着孩子被卷远，岸上的人扔了救生圈也无济于事。虽有快艇赶来救援，很可惜女孩还是溺亡了。

!　事故原因点评

　　之所以一口气列出四起事故，一方面是因为大海就是这么变幻莫测、危险万分，另一方面则是因为这四起事故都有其代表性。一个是一家人乘坐非法营业的快艇出海游玩，遇到意外事故；一个是孩子在抓螃蟹时遇到涨潮，不幸遇难；一个是母亲看护疏忽所致的悲剧；最后一个是因为不熟悉海洋，坐在了错误的地方。

　　去海边游玩，是很快乐的，但同学们真的熟悉海洋，熟悉跟海洋相关的船只、动物、礁石吗？事实上，到海边后，很多同学和成年人由于不熟悉环境，反而失去了平时的发现隐患的能力。

第一起事故是典型的对海洋相关法律、法规不熟悉导致的意外：只想着乘船的快乐，出了事故才意识到乘坐的船只没有合法营业。第二和第四起事故则是对海洋环境不熟悉所致。一般来说，海水早上涨潮、下午落潮。涨潮时海水汹涌而来，水面上升，不适合捕鱼、捞虾、抓蟹。落潮前则要小心被海水卷走。如果同学们对海洋不熟悉，对潮起潮落的时间和现象并不知晓，就很容易将涨潮前的海滩、落潮前的海水当成是安全的。大块岩石一般深入水中，附近浪高，极为危险。不熟悉海洋的人，只会觉得石头平坦安全，意识不到大浪的威胁。

要特别说一下第三起事故。虽然妈妈在不远处光顾看手机、没有做到有效看护是造成孩子溺水的间接原因，但据熟悉当地海水情况的人说，离岸流才是导致孩子溺亡的直接原因。离岸流是一种回卷流，它在海岸处出现，经过波浪区，一直向海洋深处流动，特点是狭窄而强劲、突发性强、速度快、持续时间短。这种水流能将强壮的成年人迅速拽入外海，引起溺水，更不用说同学们了。下午落潮时离岸流出现的可能性大，夏季时尤其多。有数据显示，近几年，大约90%的海边溺水是离岸流引起的。然而，同学们在看到这段文字前，是否已经了解了这种水流的特点了？还是虽然对海洋一无所知，却依然兴致勃勃地准备下水了呢？

做个安全实验：游泳圈与救生圈的区别

亲爱的同学，你知道游泳圈和救生圈有什么区别吗？将一个塑料泳圈和橡胶救生圈分别打开，看看它们的材料有什么区别；再将它们戳破、切断或剪断，然后放到水里，看看会产生什么现象。

游泳圈

救生圈

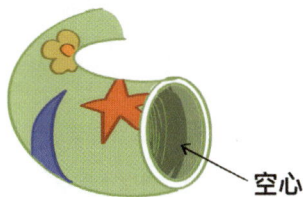

空心

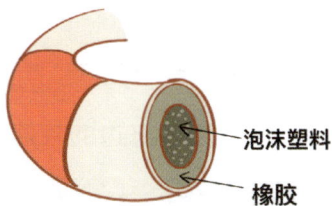

泡沫塑料

橡胶

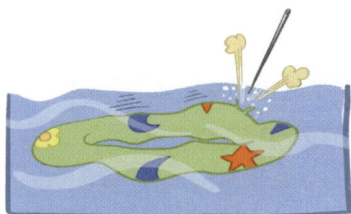

原理

塑料泳圈仅仅用塑料制成，一方面容易老化，另一方面是中空的，遇到尖锐物品会被戳破泄气，且一旦没了空气就基本没了浮力。而橡胶救生圈是以橡胶做成，里面填充了泡沫塑料，一方面不容易损坏，另一方面即使被切断或戳破，它超强的浮力也能继续保护小朋友。

橡胶救生圈的浮力可以让人体不沉入水中，赢得救援时间。且救生圈常用的鲜亮的橙色也是很醒目的颜色，容易被救援者发现。

怎样杜绝隐患

去海边之前，务必做些海洋知识功课，了解出游期间的天气状况。到目的地后要多从当地人那里学习出海经验。去安全水域游泳时，一定要穿戴救生衣（圈），以防万一。

怎样做才安全

1. 做好前往海边的攻略，学一些潮起潮落、离岸流、礁石等方面的知识，了解大海的习性。

2. 要了解自己所处海滩的具体情况，如是否为安全水域、是否允许游泳、是否有离岸流频发等。

3. 在海滩边玩耍时，要选择没有离岸流出现的区域。同时要让大人陪在自己身边，时刻做好看护。

4. 站在岸边高处，通常可以看清离岸流的模样：它颜色较深，表面多有白色泡沫或浑浊泥沙，集中漂离岸边并突然快速流向外海。

5. 一旦被离岸流带向外海，不要慌张，尽量保持平静，抬起头并向后仰，深深吸气、慢慢吐气，尽量让身体漂浮起来，同时挥手寻求救援。

6. 决定下海游泳时，要选择指定的安全水域，更要先确认该水域有监管员、救生员巡视。下水前要了解水温情况，水太凉则不适合游泳。

7. 不会游泳的同学，不要下水游玩，即使在岸边踩水也要有人陪护。

8. 穿戴符合标准的救生衣（圈）。根据身高与体重选择合适的救生衣。绝对不能用游泳圈代替救生圈。

9. 玩水上设备或乘船时，选择有资质、有证书的机构和船只。同时务必穿戴好救生设备。

10. 不要擅自爬到岩石上，因为在岩石上即使不遭遇大浪，也可能因为石头湿滑而跌入大海。

11. 确定所在海岸潮起潮落的时间，尽量错开这些时间段在海滩边玩耍。

12. 学习最基础的水上救援技能，包括水下抽筋的应对方法和心肺复苏急救法等。

离岸流

正确的漂流方法

这样做才安全

救生衣和救生圈

不要爬到岩石上

扫码看张咏梅老师的权威指导视频

第六章

正确方法立大功
——急救篇

溺水应急救援，也就是溺水急救，和溺水预防一样重要。溺水急救包括两部分内容，一是将溺水者从水里救上岸的过程，二是在岸上的入院前急救。很多人，尤其是一些同学们，不了解这两部分方法上的差别，在把人救上岸的过程中犯下致命的错误，反而让自己也性命难保。这一章节，我们就来了解一下这两部分急救的详细技巧。

第一现场急救

将人从水里救上岸

伤害事件回放

2020年6月21日，重庆某镇发生一起悲剧：在该镇附近的水域，1名学生不慎失足落水，旁边7名同学用手拉手的方式展开施救，结果8人一起罹难。8名孩子年龄均在10岁到12岁之间。

事故原因点评

前面我们提到过，集体溺亡是中国青少年溺水意外的重要特点。这种群体死亡事件的罪魁，就是手拉手的营救方式。在发生于重庆的这起意外中，如果另外7名同学中有人知道正确的将人从水里救上岸的方法，就不会酿成这样的惨剧了。在教会同学们如何正确地救人前，我们先来解决一个问题：为什么不能手拉手救人呢？

做个安全实验：手拉手管用吗？

找一块有坡度的路面（草地），5位或更多同学按高度站成一行，然后手拉手，模仿救人。最高处的同学还可以找一棵树或一块大石头作为支撑物，这样更真实。最低处的同学尽量将手伸向低处并把身体重心往低处挪动，体会被溺水者像拉着救命稻草一样拽住他不放的感觉。也可以让一位同学或成年人真的站在最低处，拽住试图手拉手救援的人并往下拉，这样效果更真实。

需要同学们重点感受的是：几个人手拉手时，用力点是否能保持一致，用的劲儿是否真的往一处去了；站在斜坡上时，是否有足够力量站稳；在重心被牵引下移的情况下，是否有可能会忍不住松手或摔倒；想象或模拟感受一下溺水者全力抓住援手的力气，在这么多不利条件下，手拉手救援的人是能够把溺水者拉上岸，还是会因为力竭、出汗等原因，也滑到水里去？

原理

　　手拉手时，同学们的用力点是无法保持一致的，不仅用力方向会分散，而且重心也会随之偏移。在斜坡上站立的难度不是平地上能比的，这时也很难用上力气。最重要的一点是，将溺水者拉上岸需要的力量，远远超过同学们的想象，哪怕是几个人一起用力都很困难，更不用说手拉手了。

原理

力量方向

怎样杜绝隐患

　　任何时候都要学会用正确的方法来救人，即求助成人来帮忙以及找到可以用的工具再救人。千万不要自己下水或手拉手！

怎样做才安全

　　1. 首先要确保施救者自身的安全！任何时候这都是救人的首要原则。

2. 发现同伴落水，应第一时间向附近的大人求助，或者拨打110、119。

3. 和成人一起寻找可用的工具，比如竹竿、树杈、缆绳、救生圈、轮胎、可乐瓶甚至水桶、脸盆等，递给落水者，尽量帮助他漂浮在水面上，等待救援。

4. 如果用竹竿或类似的工具救人，应趴在地上，尽量放低身体再递出工具，避免被拖入水中。

5. 千万不能手拉手救人，更不能独自跑回家，因害怕责备而一声不吭。

6. 千万不能下水救人，即使会游泳也不行。水中救援是一项专业技术，需要专用设备，更需要充分的训练和丰富的经验，同学们千万不要把它想成自己能独力完成的事情。

这样做才安全

第二现场急救

院前心肺复苏急救

伤害事件回放

　　在山东威海小石岛，一名7岁男孩在海边玩水时不幸溺水，被打捞上来后，呼吸和心跳都已经停止了。正在众人手足无措时，一名医生见状，拨开人群，对男孩进行心肺复苏急救，旁边的一位游客也加入其中……半小时后救护车终于赶来，男孩被送上救护车不久，就恢复了心跳。

让开！我是医生！

❗ 事故原因点评

男孩能够起死回生，多亏遇到有专业急救经验的医生。的确有一部分溺水者因为得到了正确的急救而幸免于难，所以请不要忽略对急救技能的掌握。

当人的呼吸和心跳停止时，通过持续不断的胸外按压，人是有可能恢复的：一方面按压能促使心脏恢复自主跳动，另一方面外力施压会让动脉血不断进入大脑，维持大脑的存活。这就是心肺复苏急救的重要意义。

人一旦因窒息而呼吸和心跳停止，最多只有6分钟的黄金抢救时间。而在城镇，救护车赶到事故现场的平均时间是20分钟。也就是说，即使救护车以最快的速度赶到，也会错过最佳抢救时间。因此，心肺复苏急救的正确方法急需在公众中普及。

溺水上岸后的急救步骤

溺水者被救上岸后，一定要根据他的情况来选择急救措施。这时候要先让溺水者平躺在地面上，轻拍他的肩膀，看看他是否有反应。如果没有反应，就要检查他的呼吸。略微侧过头，观察溺水者胸部是否有起伏，观察时间为5秒（心里默念1001、1002、1003、1004、1005）。同时按住他的手腕，感觉一下他是否有脉搏。一般来说，只有以下3种情况：

（1）溺水者有呼吸有脉搏。

正确动作：指定另一个人拨打120求救。将溺水者翻到侧卧状态，呈复苏体位。快速帮助他清理口鼻中的异物，给他的身体保暖，等待救援。这时候要密切观察溺水者的呼吸、脉搏情况，随时准备进行心肺复苏。复苏体位的好处是，一旦患者的食道里有呕吐物上涌，就可以顺着嘴角流出来，否则容易反流进呼吸道，造成窒息。

（2）溺水者无呼吸有脉搏：类似"假死"状态，观察不到呼吸，但有很微弱的脉搏，濒临停止。

正确动作：指定另一个人拨打120求救。迅速打开溺水者的气道，进行人工呼吸。在还有脉搏的情况下，不一定要进行胸外按压，因为这时的呼吸停止多源于溺水造成的喉痉挛，短时间内溺水者无法自主呼吸。如果帮助

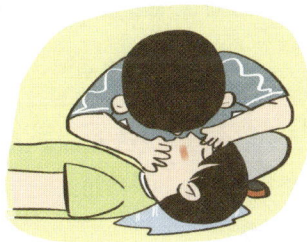

他打开气道，及时进行人工呼吸，溺水者的心跳就能渐渐加强。

(3) 无呼吸无脉搏，濒临死亡。

正确动作：指定另一个人拨打120求救。马上清理溺水者口鼻中的异物，进行心肺复苏急救。具体步骤是：

① 一只手下压溺水者的额头，一只手抬起他的下颌，打开气道，进行5次人工呼吸；第一时间提供给溺水者充足的氧气。

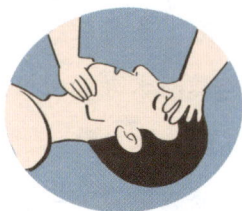

② 双手前后交叉，掌心对准溺水者胸骨下半部，以每分钟100～120次的速率快速下压30次，下压深度为5厘米。

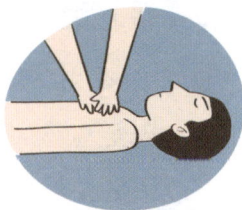

③ 再次打开气道，进行2次人工呼吸。

④ 重复胸外按压和人工呼吸的不间断循环，直到救护车到来，或者有人拿来AED设备（Automated External defibrillator，自动体外除颤仪）。

⑤ 如果现场有AED设备，直接拿来，按照提示音进行操作。

怎样杜绝隐患

认真学习并主动向同龄人普及溺水急救技能，才能真正做好对溺水的预防教育。预防溺水不是口号，是实实在在的知识，更是需要动手动脑的实践过程。

怎样做才安全

1. 到红十字机构了解急救培训课程，尽可能系统地学习心肺复苏急救技能。

2. 如果没有条件学习，可以在互联网上学习和了解急救手法和关键要点。

3. 将所学到的知识传播给身边的其他同学。

第七章

关键时刻靠知识
——特殊情况下的溺水预防

特殊情况下的溺水预防，主要指的是预防非常态下发生的灾难，比如洪水来了如何避险、车辆落水怎样脱困、掉入冰河怎么自救以及遭遇沉船又该怎么办等。虽然这些被称之为"灾难"的事件发生的概率几乎可以忽略不计，但做好百分百的预防，才可以真正做到"有备无患""防患于未然"。

场景 1

小心天灾突降——洪水

🎥 伤害事件回放

四川省达州市达川区实验小学一名六年级女生放学过马路时，被突如其来的山洪冲倒，滑到正等待过路口的轿车底部。司机赶紧喊来交警和市民帮忙抬车救人，可待救护车赶到后，女生还是不幸溺亡。

⚠ 事故原因点评

　　夏季，也是广大南方地区的雨季。无论山区还是城镇，各地洪涝灾害频发。洪水肆虐给人们的生活生产造成极大的影响，许多人不得不背井离乡。这起事故中，连日不断的暴雨导致山洪暴发，洪水穿过县城，积水达半米多深。在这种环境下，女孩放学独自行走，不幸遭遇溺水意外。一般来说，灾害天气来临时，要提前做好预警工作。而根据所在地区的地势差异，防范山洪、滑坡、泥石流等自然灾害暴发的风险，尤为重要。

◆ 怎样做才安全

　　多雨季节，每天要密切关注天气预报，同时要了解灾害天气可能引发哪些地质灾难。预警信号一般分为四级，即IV级（一般）、III级（较重）、II级（严重）、I级（特别严重），依次用蓝色、黄色、橙色和红色表示。要学会看懂预警信号，并依据气象灾害可能造成的危害大小、紧急程度和发展态势，做好防范工作。

　　1. 根据预报信息，决定是否出行。极端天气时，学校停学、工厂停工，同学及家人应尽量待在家里不出门。

　　2. 如果洪水很大，要采取自救措施，准备好自救工具，如救生衣（圈）、应急灯、手电筒、干净的水、干粮、通信设备等。

3. 受到洪水威胁，应按照预定路线，赶在洪水来临之前，有组织地向山坡和高地转移。

4. 如果已经受到洪水包围，要尽可能利用船只、木排、门板、木床等，进行水上转移。来不及转移的，应立即爬上屋顶、楼房高处、大树、高墙等，进行临时避险，等待救援。千万不要独自游泳转移。

5. 如果家住山区，连降大雨，很可能会有山洪暴发，此时不要擅自出行，避免渡河，应原地避险。同时要防备滑坡和泥石流等次生灾害。

6. 在内涝的城镇，要远离高压线和带电设备，避免发生触电。

7. 洪水过后，要做好防疫措施，预防传染病。

这样做才安全

场景 2

学会绝境求生——车辆落水

伤害事件回放

湖南常德一家人驾车回家过年，不料车开到渡口时，因速度太快，冲入湖中。眼看汽车一点点往下沉，大人迅速打开车顶的天窗，将孩子抱出来，抛给岸边的人。所幸湖水并不深，车上的大人随后也成功从车窗逃生，事故并未造成人员伤亡。

❗ 事故原因点评

汽车落水，有可能因为操作失误，也有可能因为暴雨引发的洪水暴涨、淹没车辆。汽车被水淹没时的自救技巧，是人人都应学会的求生技能。这起事故中的人比较幸运：湖水不太深，车辆落水后，湖水并没有没过车顶，而且车也没有侧翻，这给逃生提供了时间和机会。但很多时候，随车落水的人并没有如此好运。一方面突如其来的险境让人们恐惧、不知所措，错失了自救良机；另一方面很多人根本不知道该如何自救。

◆ 怎样做才安全

1. 车辆刚刚入水时，要保持冷静，迅速解开安全带，在车还没有完全断电之前，开启中控锁，用力打开侧门逃生。如果侧门打不开，尽量选择从窗户逃生。不能因害怕车内灌水而关窗，把自己困在车里。

2. 如果车辆已经断电，车门和车窗就会无法开启。而在汽车快速下沉的过程中，车内外的压差会增大，进一步阻碍开门、开窗。此时只有砸窗逃生一条出路了。要利用车上的安全锤、车内灭火器、座椅头枕的金属部位，甚至女士的高跟鞋鞋跟等砸开车窗，注意要砸车窗边缘或四角以尽快破窗。砸碎玻璃后，水流会迅速冲进车内，要顺势做好屏气准备，游出车窗。

3. 逃出车外后尽量保持仰面漂浮姿势。如果不会游泳，离开车前找些漂浮物，确保自己能多漂浮一段时间，等待救援。

场景③

远离野水野冰——小心冰窟窿

伤害事件回放

在长治，3名10岁左右的男孩在家附近冰面上滑冰玩耍，而冰层有薄有厚。滑到一处冰层较薄的地方，冰面破裂，3人同时跌进冰窟窿里。岸上的同伴赶紧叫人营救。消防员到来后，在救人时着实费了不少力，因为冰面很薄，孩子们又是在冰面中央落水，消防员即使匍匐在冰面上试着拉人，也很容易掉下去。最后，他们只好先用专业设备破冰，再由潜水员深潜救人。经过10多个小时的努力，3名孩子的遗体被打捞上来。

薄

潜

⚠ 事故原因点评

滑冰是很多同学非常热爱的活动，但冰层的危险性不比水面低。消防员常常会告诉大家：从冰窟窿中救人难度非常大，且冰内溺亡的速度快于一般溺水。此外，值得注意的是，这个事件中，3名同学都忽略了冰面各处薄厚的不同。虽然从表面上看都差不多，但在水下水草和岩石多的地方，水流速度相对较快，冰层会相对较薄。此外，冰面的边缘和拐弯处，多是冰层较薄的地方，而人走在冰面上，很难判断出周围薄厚。尤其几名同学在冰面上一起玩耍时，常常会忘记危险。同样，这些地方对营救者来说也具有极大的挑战，一旦冰面破裂，可能会引发大面积的冰层断裂，加之水温极低，会给营救者带来生命危险。

怎样做才安全

1. 发现有人落入冰窟窿时，切记不能站在冰面上救人。同救助落水者一样，应先呼叫成人来帮忙，同时拨打报警电话110、119求助。始终记住：冰面救人难度远远高于水中救人。

2. 和营救人员一起寻找长的竹竿或绳索，在离落水者最近的岸边抛给他。切记不要到冰上去，要在岸边尽量放低身体，试着让落水者自力爬出冰面。

3. 如果自己不慎落入冰窟窿，不要惊慌，在呼叫求救的同时，尽量让身体靠近冰层边缘，双手伏在冰面上，双脚使劲打水，使身体上浮，让身体呈仰卧姿势。然后展开双臂，增加全身接触冰面的面积，一点点地移到冰面上。记得做这些动作要尽量快速，且要轻。

4. 如果能顺利离开冰窟窿，要迅速滚动身体，尽量选冰层厚的地方，滚动到岸边。用滚的方式移动还有一个好处，就是可以将衣服中的水挤出，减轻身体负担。

5. 无论救人还是自救，尽量把救援时间控制在15分钟以内。科学测试数据显示：当水温为0℃时，人在水中的生存时间只有15分钟。

6. 始终记得：不要去野冰面玩耍，凡是写有"禁止游泳"和"禁止滑冰"的地方，都有可能让人付出生命的代价。

7. 初冬和开春季节，冰层较薄，不适宜到冰面上玩耍。

场景 4

冷静就能得救——沉船

🎥 **伤害事件回放**

在湖南邵阳，一艘核载32人、实际载有92人的客船因撞上河边一艘挖沙船的钢丝绳而侧翻下沉，事故致14人溺亡，其中学生12人、成年人2人。据悉，事故船是一艘柴油动力船，事发时搭载了大量的放假回家过中秋节的初二学生。当时船上搭载的人数显然超出了核载的人数上限，属于严重超载状态。

❗ **事故原因点评**

客船严重超载，行船的河道环境差和监管缺失是这起震惊全国的沉船事故发生的重要原因。在事故中冤死的孩子大多数都是初二学生，且女生居多。他们多为留守儿童，平时住校而周末住家，每周从家里到学校，以及从学校回家唯一的经济实惠的交通工具就是客船。事故发生当天，正值中秋节放假前夕，学生们被老师送上船后，只好在挤得水泄不通的船上忍耐着。据一名被救上来的女孩说，船上非常拥挤，背着书包转身都很困难，只好一动不动地人挨人站着。突然，船好像撞到了什么，同学们纷纷从船尾向船头一边倒去，很多人还没反应过来就没入了水里。前后也就几秒钟时间，整条船就沉入了水中。没有学过游泳的学生们手脚乱划，却无力自救。有水性好的男生一次次将女生们救起，而自己却因体力不支，永远躺在了那条河道里……从这起严重事故中，我们不难看到，人为因素才是造成溺水悲剧的罪魁。

怎样做才安全

　　沉船的原因会有很多，而结果往往只有一个，即死伤惨重的灾难。虽然在很多人看来，沉船如同飞机失事一样，属于小概率事件，但对应急自救技能的学习，永远都是有胜于无的。

1. 发生沉船时，不要慌张，尽快看清身边情况，了解自己所处的环境，择机选择自救的方式。如果是缓慢沉船，一定要听从指挥，拿好救生设备，有序撤离。

2. 上船前备好自救工具，包括救生衣（圈）、漂浮物、手电筒、口哨、纯净水、镜子、通信设备、电池、干粮、塑料袋等，以便关键时刻自救使用。

3. 有序登上救生筏，将随身的救生物品放进塑料袋，避免被水打湿。

4. 船体不稳时，尽量避开人群，往高处跑，并抓住栏杆等物体，保持身体稳定不滑落。

5. 不要喝海水，保持情绪稳定，少说少动，必要时再喝点纯净水维持体力，以便能长时间等待救援。

6. 前24小时尝试不进食，24小时后定额进食，保证体力需要即可。

7. 如果已经因沉船落水，也要保持冷静。放松，双腿踩水，翻转身体，尽量让身体漂浮在水面上。如果旁边有木板、塑料桶等漂浮物，尽量抓住它们，它们能帮助你延长漂浮时间，等待救援。

8. 始终保持情绪稳定，树立求生信心，遇险人员之间互相鼓励很重要。有数据显示，因害怕导致情绪崩溃无法自持的人，更容易发生跌落等情况。70%的受伤者是因情绪崩溃而受伤的，而非沉船本身所致。一般来说，除情绪崩溃者外，还会有15%的人会举止反常。只有15%的人能保持冷静和警觉。

9. 平时多学习游泳技能。出海游玩时最好随身携带救生设备。

10. 在水面等待救援时，要始终注意保持体温。尽量采取蜷身屈腿的姿势抱住自己，减少身体散热面积。

扫码看张咏梅老师的权威指导视频

第八章

改掉致命坏毛病
——导致溺水的陋习

陋习之 1

水缸不加盖

🎥 伤害事件回放

南京一名4岁女童在家中玩耍时，因想喝水，搬来小板凳，放在1米高的水缸前。她爬上板凳从水缸舀水喝，不料板凳侧翻，趴在水缸上面的女孩身子失控，倒栽进缸里。奶奶发现后，赶紧跑过来砸破水缸施救，但很不幸，女孩已经因窒息溺亡。

❗ 事故原因点评

无论北方还是南方，在农村，很多人家的厨房里都有大水缸。平时从井里打上来的水存在水缸里，用时转身从水缸里一舀，刷锅、炒菜点水，甚至也可用来灭火，非常方便。

但这样的便捷仅仅是对成人而言，对同学们来说就不同了。
这个事件里，女孩本来因为口渴，学着大人平时舀水喝的样
子喝水，但没想到不慎跌入水缸溺亡。可见作为看护人，如
果不给水缸加好盖，又没有注意对孩子的看护，悲剧就会随
之而来。

怎样杜绝隐患

排查家中储水容器的隐患，及时给水缸加盖，用完随手
盖好盖。

怎样做才安全

1. 将水缸放置在远离生活活动区域的地方，最好放在角
落里。

2. 在水缸上加盖。

3. 在一张白纸上写好"用完水请盖上盖子！"一类提醒
语，贴在水缸附近的墙面上方，用来提醒家人。

4. 养成用完水给水缸盖上盖子的好习惯。

陋习之②

水井不密封

🎥 伤害事件回放

威海一名1岁多的女孩在小区玩耍时，不慎掉进一口深10米的老井里。据悉，当时女孩离开家长视线，独自跑到院里玩耍，其母亲发现孩子不见后，到处寻找。有邻居说，听到水井处有扑通声，女孩母亲赶紧跑过去，发现孩子掉进了井里。她打算跳井救人，但被拉住。半个小时后，女孩被救上来时，已经不幸溺亡。附近居民说，常有居民在这口老井旁洗衣服，平时是有一块大木板遮挡井口的。事发时不知为何，井口并没有被木板遮挡。

❗ 事故原因点评

在这起事故中，造成女孩身亡的重要因素有两个：一是父母没有做好对孩子的有效看护，让女孩独自跑离自己的视线；二是井口并没有做到有效遮挡。严格意义上讲，凡是水井、窖井、沼气池、化粪池等，都要严格管理——用牢固的带锁的盖子封住，并且要经常进行检查。其中水井比较特别，人们经常在这里取用井水，有时可能不便于上锁，那么就应该在取水后及时盖好防护板，不给他人造成麻烦。

🏊 怎样杜绝隐患

鼓励和督促周围的人树立为他人安全着想的意识，对井盖做到随时随地的有效防护。

怎样做才安全

1. 督促周围的成年人，取用完井水后，要用防护板盖好。

2. 自家有水井的，建议成年人为防护盖加锁。

3. 远离水井和枯井。

4. 请家长在井口处贴上警示牌，提醒大家用完水后及时加盖防护。

5. 如果有其他同学在井附近生活，提醒其家长对幼童进行有效看护。

陋习之 3

洗衣机、水桶里存水

伤害事件回放

　　小浩浩的爷爷奶奶有节约用水的习惯，平时洗完衣服的水会存在水桶里用于冲厕所，甚至洗衣机里也会存水。一天午后，爷爷奶奶吃完饭午睡，醒来后发现浩浩不见了。他们找到卫生间一看，洗衣机旁有个小板凳；打开洗衣机盖，发现小浩浩已经在洗衣机里不幸溺亡了。

！ 事故原因点评

在卫生间的水桶、脸盆、洗衣机里存水，是很多老人节约用水的生活美德。但如果这些容器里的水会给孩子带来危险，那么良好的生活习惯就变成陋习了。这起事故有个背景：孩子平时和父母一起生活，只有放假时才会到老人家来居住。老人平时养成了节约用水的好习惯，却因为安全意识不够，给孩子带来了伤害。请记住，无论是洗衣机里的水，还是钓鱼桶里的水，只要是水，都是孩子们的"玩伴"，会吸引孩子们去玩耍；而当他们埋头于忘情地玩水时，一旦身体失去平衡，就会头朝下跌进水里。

怎样杜绝隐患

督促家长了解孩子的生长发育特点，请他们改掉对孩子来说有危险的生活习惯。

怎样做才安全

1. 告诉家长在储水容器里不要存水，养成倒扣水盆的安全习惯。洗衣机里也不要存水。

2. 来到安全措施不完备或比较陌生的环境时，紧跟大人，不要离开他们的视线。

3. 时刻牢记：水好玩，但也有危险，玩水时要有大人陪伴。

陋习之4

在泳池里嬉戏打闹

伤害事件回放

在郑州，一名8岁男孩和表兄妹相约到家附近的水上乐园玩耍，不料发生了溺水事故。据孩子的大姨说，当时她和妹妹两人带着3个孩子来到了水上乐园。买了门票进园后，孩子们就各自跑开了，大人们也没注意孩子们是在哪个池子里玩的。不一会儿，就见自己的儿子跑过来说，表弟出事了。等她们跑过去，发现孩子已被人救起，120也赶来进行了急救，但还是没能把孩子救回来。据一起玩的孩子说：当时他们在水里打水仗，水并不深，没有发现表弟有异样。可过了没一会儿，旁边一位正在游泳的阿姨突然发现表弟已经沉在水里，没有反应了。

！事故原因点评

水上乐园，严格意义上来说，属于游乐场。它在设计上是用来游玩嬉戏的，大多数不分成人区和儿童区，且人多、环境复杂，其安全设计和管理较泳池更差。低龄儿童对危险的预防能力是不足的，当他专心和同伴打水仗时，会很自然地忽略水的危险。一旦呛水或喝水，就会害怕，同时因水堵住气管而窒息、陷入喉痉挛而说不出话来。如果水较深，孩子不知道如何处理，又没有被及时发现，很快就会因脑缺氧而失去意识。所以要让家长有这个意识：带孩子去这种水上乐园，更要加强看护，帮助孩子排除安全隐患。

怎样杜绝隐患

了解水上乐园和泳池的不同，学会玩水的各种安全事宜。

怎样做才安全

1. 遵守水上乐园的安全警示，选择适龄的项目和区域玩水。

2. 必要时穿戴合格的救生衣或救生装备。

3. 绝不能在水里嬉戏打闹。避免呛水、溺水。

陋习之 5

错把游泳圈当成救生圈

伤害事件回放

广东顺德一对年轻父母带5岁儿子到泳池游泳。期间妈妈去小卖部买水，让爸爸看着孩子游泳。而爸爸忽然内急，和水里的儿子说要去一趟洗手间。他以为孩子套着游泳圈不会有事，可从洗手间回来后，这位爸爸怎么也找不到儿子了。求助安全员后，终于在深水处发现了没入水中的儿子，可惜孩子已经溺亡。原来孩子带的游泳圈过大，玩耍时身体穿过了泳圈，直接沉入水底。

! 事故原因点评

严格意义上来说，市场上很容易买到的游泳圈只能被称为"水上玩具"，并不是救生工具。这个事件里，孩子套着塑料泳圈时，还能浮在水面上，但这种泳圈的浮力不够，很容易发生侧翻，也很容易脱落。而救生圈（衣）是用密度很大的泡沫和橡胶做的，表面耐磨，有足够的浮力，对人具有很强的保护作用。此外，对于身体瘦小的人或者幼童来说，合适的救生衣比救生圈更适合他们，因为更不易脱落。

怎样杜绝隐患

正确认识救生设备和游泳圈的差别，并学会正确使用。

怎样做才安全

1. 不同年龄的孩子，要根据身材、体重选择适合的救生装备。

2. 牢牢记住：游泳圈不是救生圈，要在合适的地方使用正确的工具。在非安全游泳区域，包括泳池深水区，要使用救生装备。在标准泳池的儿童区（浅水区），可适当使用游泳圈。

3. 告诉家长：不能让孩子处于看护盲区，也不要将孩子交给其他人临时看护。

陋习之 ⑥

忽略脚下隐患

🎥 伤害事件回放

两名女生在公园景区一处深潭玩水，玩着玩着，两人手拉手光脚走过独木桥，谁料走到中间时，其中一人脚下一滑，牵着手的两人双双跌入深潭中。周围的游客看到后，赶紧呼叫救援。但因深潭上有大瀑布倾泻，下面潭水很深，大家只能眼看着两名少女在水中挣扎……等到消防人员和警察赶到施救时，两人已不幸溺亡。

❗ 事故原因点评

越来越多的国家森林公园在设计上还原自然风貌，只在自然水域边设置围栏、搭建小桥、树立警示牌。越是这样的设计，越要在经过时注意脚下的隐患。这个事件发生在瀑布附近的水域，因常年潮湿，周边的小径、木桥上都有苔藓，人走在上面很容易滑倒跌落。而溺水正是跌落会引发的二次伤害类型之一。

🏊 怎样杜绝隐患

在公园游玩，一定要随时观察身边的环境隐患。对于潮湿的地方，要注意脚下的危险。

怎样做才安全

1. 不要在空间狭窄和人多的地方逗留。

2. 在瀑布等深潭区域，要注意脚下安全，走路不看景、看景不走路。

3. 要注意手机的正确使用，不要光顾拍美景而忘记确认自己所处的位置是否安全。

4. 行走在危险路段时，尽量不要和他人牵手，手要扶住围栏，给身体以稳定的支撑。这样做能避免发生群体意外。

陋习之7

潜水时靠近排水口

伤害事件回放

一名11岁男孩随父母到深圳玩，在酒店的泳池中游泳时，不幸被泳池排水口吸附，最终溺亡。负责泳池水循环系统的工作人员说，事发后，他们通过查看视频发现：该事故泳池有两个排水口，孩子当时在玩潜水，其中一个排水口吸住了孩子的头部。因为这个口靠近机房，吸力比较大，再加上没有格栅盖板保护，才导致了这起惨烈的悲剧。

事故原因点评

这是一起能让人们有画面感的事件。排水口"吞人"，几乎每年都会发生，有的发生在泳池，有的发生在水上乐园。会出现这种事故，主要原因在于泳池的水环境管理出了大问题。这起事故中，泳池排水口居然没有安装格栅盖板，可见安全隐患排查工作几乎为零。此外，可能同学们并不清楚，排水口的吸附力到底有多强。来自消防部门的数据是：通常一个普通游泳池抽水泵的吸力可达到每平方厘米至少23公斤，一个长宽都为30厘米的排水口吸力很容易超过小朋友的体重。一个0.6米深的小型儿童游泳池，蓄水能力在800公斤左右，如果将排水口打开，800公斤的水很快就会被吸出，此时的吸力就更是惊人了。别说一个人，就算是一头牛，也逃不了被"吞"的命运。

怎样杜绝隐患

要选择正规、有资质的泳池游泳，入水前要学会自己排查隐患，远离排水口。

怎样做才安全

1. 要了解容易在泳池出现的隐患都有哪些，排水口是一个重要的知识点。

2. 入水前，先自行排查泳池隐患，尤其要了解排水口的位置，必须时刻远离排水口！

3. 没有一定的游泳技能，不要玩花式跳水，人多的时候也不要潜水。

根据自身的游泳能力，选择在浅水或深水区游泳，不可逞强。

陋习之 8

无视警示牌提醒

🎥 伤害事件回放

上海松江区九亭镇，一名13岁的男孩和同学一起下河道玩水时不幸溺亡。警方和消防部门在经过调查后说，男孩溺亡的河道水很深，且底部泥泞湿滑。13岁男孩下水后，突然沉入水底没了身影。其他男孩见状，吓得不知如何是好，急忙跑回家去叫大人。孩子的家人闻讯赶到现场，但落水男孩早已没了踪影。随后，众人才报警求救。据悉，河道水深处约有3米深，两边都设立了警示标牌，上面写着"河道水深，禁止游泳"。但很可惜，仍有小朋友视而不见。

❗ 事故原因点评

对警示标牌的无视，是大多数溺亡者所犯的共性错误。统计数据显示，多数溺亡者是懂水性的，这反而让他们容易犯自大的毛病，无视这些警示。他们中有的人认为自己会游泳，游了很多年也没有发生问题，警示牌是用来吓唬胆小鬼和不会游泳的人的。还有的溺亡者在同伴面前逞能，夸下海口后硬着头皮下水，这种情况多发生在青春期的初中生身上。此外，这个事件中有个重要的信息不能忽略：当发现有同伴落水时，同学们的第一反应不应该是跑回家叫家人帮忙，而是应该向身边任何一个大人求助，并迅速报警。溺水救人，黄金抢救时间不超过6分钟，来不得半点拖沓延误。

🏊 怎样杜绝隐患

敬畏规则和警示提醒。懂得警示牌的禁止性意义。

🛟 怎样做才安全

1. 学会看懂警示标牌，红色是禁止色，黄色是警告色，蓝色是告知色。在溺水预防方面，水域边只要有防护栏、草坪带、写有禁止字样的牌子，都要视为对危险区域的严肃提醒，绝不能擅自下河游泳，也不要在这样的河边行走。

2. 不明水情的区域，绝不靠近。

3. 学会拒绝其他同学结伴游泳的邀请，同时也尽量劝说他们到安全的泳池游泳。

4. 学会正确的急救措施。求助大人不是一定要回家求助认识的大人，而是只要是身边的大人都可以求助，并且要及时报警。

陌习之 ⑨

让未成年人看护未成年人

🎥 伤害事件回放

　　10岁的姐姐带着2岁的弟弟在河滩边玩耍，两人捡起河边的石头往河里扔着玩，玩得不亦乐乎。姐姐站起身去捡树枝，2岁的弟弟见状也站了起来，但脚下一滑，身体失去平衡，跌到了水里。很快，弟弟被河流冲走了。姐姐情急之下也跳进湍急的河水中去救弟弟。无奈水流很急，将两个孩子冲向下游……第二天，在下游一处开阔平坦的河面，搜救人员找到了两个孩子的遗体。

❗ 事故原因点评

　　监控摄像头拍下的两个孩子在河边玩耍的时间是下午，两个未成年人身边没有大人。镜头里，姐姐把脚踩进水里，将鞋打湿，弟弟就学着姐姐的样子也把鞋踩进水里；姐姐从河滩上捡起一块石头扔向河里，弟弟也跟着学……如果两个孩子是在安全的泳池里玩耍，这会是温馨的儿童戏水的画面。但很遗憾，这却是两个孩子留给世界的最后的影像。将未成年人交给未成年人看护，是很多生了"二胎"的家长的行为。他们忽略了孩子的特性——对危险的排查能力非常有限，但模仿的能力却极强。一旦大孩子做出危险动作，小孩子就会模仿，发生危险的概率极高。

怎样杜绝隐患

从自身和家长做起，杜绝让未成年人看护未成年人。

怎样做才安全

1. 告诉家长，孩子在河边玩耍时，一定要有大人陪伴，且大人不要玩手机，提高陪伴的有效性。

2. 在公共场所及野外，坚决拒绝以未成年人的身份看护其他未成年人，一分钟都不行。

3. 让家长平时多学习和了解不同年龄段孩子的认知发育特点，这对看护孩子平安成长非常有利。

陋习之 10

认为人多就可以探险

伤害事件回放

暑期即将结束，江西的4名中学生计划来一次探险。他们相约到附近新开发的湿地公园玩。没想到来到公园门口时，发现大门紧锁，一块木牌上写着"汛期湿地危险，禁止游园"的字样。男生们相视一看，认为这正是探险的好时机。于是不顾预警提示，翻墙进入园区，在无人的公园里追逐打闹，玩得十分开心。后来他们来到一处山涧，其中一名男孩不小心踩到了一块长满青苔的岩石，脚下一滑，跌入岩石下的池塘里。而另外两名男孩赶紧手拉手施救，结果也纷纷被拉进池塘……剩下的那名男孩见状，吓得不知所措，急忙折返，按照原路跑出公园……等到男孩喊来了大人，很可惜，人们打捞上来的只是3名男孩的遗体。

⚠ 事故原因点评

　　青春期男生最大的乐趣之一就是野外探险，但当他们开始憧憬探险时，他们并不知道、不具备野外生存的技巧，只会单纯地认为只要人多，安全就有保障。这种认知偏差给悲剧性的结果埋了伏笔。这几位中学生，本来是想着在开学前一起进行一次探险旅游，殊不知汛期已到，湿地公园存在着严重的隐患，才实行闭园管理。他们无视警示提醒，擅自入园，最终造成不可挽回的灾难。因此，应及时教育孩子，探险能力不是盲目闯荡、"无知者无畏"就能练出来的，而是通过学习和锻炼获得的。

🏊 怎样杜绝隐患

　　平时多读书，系统学习探险知识，同时找到专业的机构去练习探险技能。

✦ 怎样做才安全

　　1. 正确认识探险能力是一种综合能力，包括对天文地理知识的掌握、能够检索目的地的信息、身体足够强健、具备一定的急救技能、有敬畏自然和规则的心等。

2. 找专业机构进行拓展训练，多练习一些攀爬、结绳、呼救等技能。

3. 平时多参加一些由有野外探险经验的成人组织的活动，在保障足够安全的前提下，充分体验探险的乐趣。

陋习之 11

刚到海滩就下水拍照

伤害事件回放

一名中国女留学生在澳大利亚一处海边摆姿势拍照时，不慎被冲下岩石，坠入大海溺亡。据报道，来自中国的这名女子时年24岁，在悉尼求学。事发时她与朋友在秃岛游玩，当时为了拍一个和波浪共舞的照片，她爬到一处礁石上。正在摆姿势时，身后一个大浪将她卷入海中。旁观者们立即跳入水中想救她，但怎么也找不到人。大约30分钟后，潜水员们发现了她的尸体。警方随后提醒人们："当你站在靠海的岩石上或悬崖边上时，一定要记住这些地方都是危险地带。不小心滑倒的话，你可能会落水。切记，这些地方真的很危险。"

事故原因点评

留学生在国外海边发生溺亡事件，也是每年都能看到的热点新闻之一。事故发生的原因各种各样，但大多都和拍照、跌到水里、没有穿戴救生设备有关。现在有了智能手机，为了在朋友圈发自己生活的美图、分享美好的心情，不少人到了海边后不急着游泳玩水，而是先拍照分享。站在礁石上拍浪花，走在海滩上拍戏水……可当同学们只专注于这些变化多端的景色，甚至为了拍照以身涉险时，可能就没有精力去发现靠近你的死神了。

怎样杜绝隐患

大海变幻无穷，要时刻保持清醒，在确保安全的前提下，享受海边美景。

怎样做才安全

1. 务必要明确海边什么位置是安全的，什么位置是有危险的、绝不能跨越的。

2. 遵守海滩的安全规则，听从管理员的指挥。

3. 游泳时专注游泳，拍照时单纯拍照。不要同时做多件事。

4. 和同伴一起游玩时，人多容易兴奋，但也请保持冷静，警惕一切可能发生的危险。

陋习之 12

倒挂控水

伤害事件回放

　　一个3岁左右的男孩不慎跌入自家后院的池塘里。村里一男子看到后，赶紧下水将男孩救了上来。看到男孩没了意识和呼吸，四肢无力垂落，男子将男孩背在后背上，头朝下，只抓着两只脚，在空地上来回跑，希望用这种倒挂控水的方式将男孩救回。可跑了五六圈，孩子也没反应。男子只好将孩子放在地上，又进行胸外按压心肺复苏……20分钟后，男孩突然"哇"的一声大哭起来。周围人终于松了一口气。

事故原因点评

　　这个案例重点讲的是溺水者被救上来以后的岸上急救措施。很显然，这里的倒立控水法是错误的。它不仅不会将溺水者呛入的水从肺里和胃里排出，还可能耽误了正确的心肺复苏急救时机。在农村，有着五花八门的"控水法"，像将溺水者放在马背上颠簸、倒挂在树上、对腹部进行冲击等。这些都源于人们早期对溺水急救的探索过程。随着现代医学心肺复苏方面人工呼吸、胸外按压、电除颤三大技术的建立，控水法早已被摒弃了。现代循证医学已经明确，控水会拖延复苏、加大误吸概率、明显增加死亡率。溺水时，大部分水是喝进胃里的，只有一定量的水进入气管，影响了气体的交换而导致窒息，而窒息导致了心脏骤停，所以我们应尽快恢复溺水者的心跳而不是控水。此外，倒挂控水还有可能对溺水者造成颈椎、脊髓等二次损伤。

怎样杜绝隐患

学会正确使用心肺复苏急救措施，不要再用倒挂控水、挤肚子、扣嗓子催吐等方式救人，贻误治疗时机。

怎样做才安全

1. 将落水者救上岸后，迅速观察他的反应。如果有呼吸，给予身体保暖，清除口鼻中的污物，等待救援。

2. 如果没有意识和呼吸，对落水者进行心肺复苏急救。先给予5次人工呼吸，之后开始30：2胸外按压和人工呼吸循环急救，直到AED（自动体外除颤仪）或救护车到来。

做个安全实验：用空瓶自制漂浮物

找一条长裤，分别在两条裤腿里塞进多个空饮料瓶，然后将两条裤腿和裤口打上结。将这个自制的漂浮物扔给落水者，可以延长他们在水中漂浮的时间，使他们能等到救援到来。

原理

空的塑料瓶密度比水小，所受浮力大于它的重量，所以有很强的支撑力。这个实验可以让小朋友亲自体会到塑料空瓶的另一种用法。